www.ingramcontent.com/pod-product-compliance
Lightning Source LLC
LaVergne TN
LVHW060138080526
838202LV00049B/4019
9783347026100